# RÉFLEXIONS

SUR

# LE DISCOURS

Adressé à A. S. R. Monsieur, frère du Roi, par M. De Fontanes, Grand-Maître de l'Université de France.

> Non bonum multorum principatus : unus Princeps esto, unus Rex.
> Homer. *Iliad.*



A PARIS,

Chez Gabriel Warée, Libraire, quai Voltaire, n°. 21.

1814.

# RÉFLEXIONS

## SUR

# LE DISCOURS

Adressé à S. A. R. Monsieur, frère du Roi, par M. De Fontanes, Grand-Maître de l'Université de France.

---

J'ai vécu sous le règne paternel des Rois; j'ai vu la chute du trône, et tous les malheurs qui en ont été la suite. J'en ai cherché la cause, et je n'ai pas eu de peine à la trouver dans les principes pervers qui ont renversé toutes les autorités légitimes, confondu tous les pouvoirs, et qui, étant parvenus à prédominer, ont abandonné la chose publique entre les mains d'hommes nouveaux et corrompus : l'ordre général en a été troublé; les bases de la société ébranlées; et la commotion s'est fait sentir jusqu'aux extrémités du monde.

Après vingt-cinq ans d'épreuves et d'adversités, le ciel a voulu reconnaître si nos yeux s'étaient ouverts. Il a tout à coup opéré dans la France un changement inespéré, qui ne pouvait appartenir qu'à sa sagesse.

Il nous a rendu nos souverains. Mais, en nous permettant encore l'espoir du bonheur, il a voulu que nous fussions redevables de ce bienfait à la réunion de plusieurs Monarques que nous avions combattus comme de cruels ennemis; et, lorsque nous venions de porter dans leurs états la ruine et la dévastation, ils n'ont profité de la victoire, que pour nous offrir l'olivier de la paix. Supérieurs en force, ils n'ont voulu que devenir nos alliés, en nous arrachant aux affreuses calamités que notre gouvernement, lui-même, avait attiré sur nos têtes.

Mais de nouveaux nuages semblent vouloir obscurcir cet horizon qui brillait d'un si beau jour. Une seconde ligue paraît formée, qui, si elle parvient à en imposer à la majesté des circonstances, finira par engloutir pour toujours la gloire du nom français.

M. de Fontanes a eu l'honneur de présenter à Son Altesse Royale, Monsieur, son Université, comme la fille aînée des Rois de France.

On devait s'attendre à trouver dans son discours, la prudence et la sagesse qui convenaient à un homme revêtu de sa dignité. Faut-il n'y avoir rencontré que les principes auxquels nous sommes, depuis trop long-temps, redevables de tous nos malheurs!

Infortunés Français! nos cœurs ne pourront donc plus s'ouvrir au bonheur de revoir nos Rois légitimes, sans que l'intrigue ne se jette entre eux et nous, et ne cherche, par des innovations funestes, à replacer, sur les bases les plus fragiles, ce trône qui, depuis treize siècles, paraissait reposer sur des colonnes inébranlables!

Ce qui nous a principalement alarmé dans le discours de M. le Grand-Maître, c'est de ne rencontrer aucun mot de religion dans le système d'éducation qu'il propose.

En respectant l'ancienne tradition de l'Université pour la forme de l'instruction, il garde le silence sur la doctrine et sur les principes qu'elle avait adoptés, et son respect tombe seulement sur la majesté des temps et des souvenirs.

L'histoire de France sera donc fermée pour ses nouveaux élèves : on leur laissera ignorer que jamais nation sur la terre n'a reçu des marques plus visibles de la protection du ciel, dans la personne de ses Rois.

Sous le règne de Mérovée, le cruel Attila entre dans les Gaules à la tête de cinq cent mille barbares. Il s'avance au milieu des ravages; et déjà les habitans de Paris se disposent à quitter leur ville pour se retirer dans d'autres places plus fortifiées. Géneviève vient au milieu d'eux, les rassure, leur garantit la protection du ciel; et Paris, comme un rocher inébranlable au sein des flots, voit, à la prière de la Sainte, s'écouler autour de lui tous ces affreux bataillons, sans en recevoir la moindre atteinte.

En 496, Clovis, mal affermi sur son trône, et sur le point d'être entièrement défait par ses ennemis, lève les mains au ciel, et promet, s'il est vainqueur, de reconnaître le Dieu de Clotilde, son épouse. Aussitôt la face du combat change; la victoire se déclare en sa faveur; et bientôt il reçoit, des mains de Saint Remi, le baptême, la religion et la couronne.

Saint Louis, par sa piété courageuse, désarme des peuples barbares, sous le nombre desquels il avait succombé. Ils finissent par lui proposer leur couronne, qu'il n'accepte pas; et sorti de ce danger, par la seule ressource de la prière, il échappe à mille autres qui paraissaient inévitables.

Charles VII, presque arraché de ses états, y est miraculeusement rétabli par une jeune héroïne, qui lui annonce même la mission qu'elle en a reçu du ciel.

Avant le règne du Vandalisme, la France entière était couverte des mouumens élevés par la piété de nos Rois, en témoignage des bienfaits qu'ils reconnaissaient avoir reçus de la Religion.

Comment nos neveux pourraient-ils méconnaître encore le doigt de Dieu, dans l'heureux retour de notre Roi, et dans l'union, sans exemple, des augustes souverains qui nous l'ont rendu ! Ne nous ont-ils pas arraché aux conjurations du nouvel Attila, qui voulait ensevelir Paris sous ses ruines?

Craignons, enfin, d'abuser de ce bienfait, en méconnaissant un Dieu qui, peut-être pour la dernière fois, tend ses bras paternels aux Français trop souvent prévaricateurs.

Qu'ils furent sensés, en comparaison de nos philosophes, les savans qui, sous le règne de Dagobert, rédigèrent le premier code des lois françaises, en disant, dans le prologue de la loi salique :

« Louange au Christ qui protége la nation » française, qu'il conserve notre royaume! » qu'il éclaire ceux qui nous gouvernent! qu'il » conduise nos armées, et répande sur nous » le bonheur et la prospérité! car c'est notre » nation qui, étant dans toute sa force, s'est » arrachée, *par l'épée*, au joug terrible des » Romains; c'est elle qui a reconnu la reli- » gion chrétienne, et honoré les corps des » martyrs que les Romains faisaient périr par » les supplices. »

Un tel discours, dit l'estimable Gibbon, fait mieux voir le caractère de nos aïeux, que dix volumes de Grégoire de Tours.

Dès l'origine, ils ont reconnu que la souveraineté de la terre n'appartenait qu'à Dieu; que tous les pouvoirs relevaient de lui; ils ont vu que, lorsque le pouvoir spirituel a voulu anticiper sur le temporel, Dieu a suscité de grands Rois qui, en le respectant, ont su le renfermer dans les bornes de sa puissance. Leurs lois, pendant une longue suite de générations, ont maintenu la France grande, victorieuse et paisible.

Qu'avons-nous vu depuis un petit nombre d'années, qu'on a essayé de nous faire changer de principes? Des violences inouies du pouvoir temporel contre le spirituel; des malheurs sans nombre, et des craintes fondées pour l'avenir ! Heureux si, par un retour sur nous-mêmes, nous pouvions dire avec le Prophète-Roi : *Cogitavi dies antiquos, et annos æternos in Mente habui.* Ps. LXXVI.

Mais revenons à notre sujet. On voit d'abord, par les phrases étudiées de M. le Grand-Maître, combien il est embarrassé de rappeler ces antiques et majestueuses annales de l'Université.

Comment parler de Charlemagne, ce prince qui, parmi les peuples de l'Europe, fut le propagateur de la foi, le libérateur de l'Eglise, et le fondateur de l'Université ?

En rappelant les services rendus aux belles-lettres par François Ier, il se garde bien de parler de son ordonnance de juillet 1543, par laquelle ce prince se déclare le protecteur et le conservateur de la Foi chrétienne et de son Eglise.

Ces monarques firent donc fleurir, avec les principes du christianisme, les sciences et les instructions qui civilisèrent nos aïeux, corrigèrent leurs mœurs barbares, et rendirent la France illustre parmi les nations, jusqu'au moment où la nouvelle doctrine l'a précipitée du rang qu'elle avait si glorieusement occupé.

M. le Grand-Maître forme aujourd'hui de vastes prétentions. Il présente son Université pour être, seule et sans secours, le soutien des mœurs et du goût. Il pourrait bien se faire une petite querelle avec Messieurs ses collègues, les Membres de l'Institut, en voulant usurper sur la juridiction du goût qui leur appartient; mais je reconnais mon incompétence dans cette cause, et je me tais.

Je suis seulement embarrassé de savoir dans quels auteurs du siècle de Louis XIV, il pourra puiser les leçons qu'il compte transmettre à ses élèves. Il en écartera, sans doute, les Bossuet, les Fénélon, les Bourdaloue, les Massillon, les Pascal, les Fleschier, enfin, tous ces génies *étroits* qui se sont renfermés dans les limites du christianisme.

Quant à ceux qu'il sera obligé de leur faire connaître, il leur dira que, malgré les beautés dont ils étincèlent, ils ont eu la faiblesse des préjugés de leur siècle, auxquels les Voltaire et les d'Alembert ont victorieusement échappés.

Quant aux mœurs, M. le Grand-Maître ne nous laisse pas trop voir dans quelle source il les puisera, puisque, suivant ses désirs, il ne sera plus question de l'autorité spirituelle de l'Eglise et de ses ministres.

Ce sera sûrement dans les grands exemples de vertus et de désintéressement que nous ont laissé les hommes qui, depuis la révolution, ont brillé sur la scène du gouvernement.

La morale, à ce qu'il présume, ne peut manquer d'être remplacée par la liberté des cultes passés, présens et futurs, de toute la terre, qui, ainsi que leurs ministres, doivent être également traités et protégés.

Dans cette heureuse perspective, il se félicite de voir son Université dégagée de ces grandes corporations qui la composaient autrefois, et qui auraient pu n'être pas tout à fait de son avis sur les principes d'enseignement de la jeunesse.

Il juge déjà que ce corps unique va convenir bien mieux à une monarchie bien ordonnée. Car, ajoute-t-il, en confondant toutes les opinions dans une seule, elle donnera à tous les esprits, sur les points essentiels, une doctrine constante et uniforme.

On ne croira pas, sans doute, que cette doctrine aura pour objet la religion catholique dont il ne parle pas; ou la connaissance des différentes communions de la religion réformée.

Il a, sans doute, trop de connaissance des hommes, pour croire qu'il sera possible de créer une nouvelle religion, qui ne serait que l'ouvrage du néant et de l'imposture.

Rien de tout cela ne doit faire partie de l'éducation de la jeunesse. Il ne veut, sur ces articles, qu'une seule opinion, qui ne peut être autre qu'une indifférence profonde pour toute espèce de culte. Et telle doit être apparemment l'organisation d'une monarchie bien ordonnée.

Parmi les religions qui couvrent le globe, il en existe de très-commodes pour les mœurs libres; d'autres, dont les cultes sont barbares; d'autres, enfin, dont l'absurdité insulte à la raison humaine. N'importe; elles doivent toutes être reçues sous notre garantie juratoire, quoique le christianisme, seule religion des peuples de l'Europe, ne puisse s'allier, sans apostasie, avec les cultes qui lui sont opposés.

Dieu dit autrefois aux Juifs, par la bouche de Moïse, « Vous n'allierez point mon culte » avec celui des autres dieux; vous n'en pro- » noncerez même le nom qu'avec horreur. » Mais nous, chrétiens qui suivons la même loi, nous ne nous montrerons pas si difficile. Nous les garantirons tous, comme on le voudra. On pourra même les confondre, les dénaturer, les mélanger, en inventer de nouveaux. Nous serons là pour en assurer l'exercice, et pour autoriser tous les écarts et tous les caprices auxquels les égaremens de la raison pourront se porter.

Vous voyez bien que, pour faire valoir toutes ces belles conceptions de la philosophie, il est indispensable de violer jusqu'à la loi de Dieu.

Qu'en doit-il résulter, suivant les conséquences qu'on a droit d'en tirer et que, sans doute, M. le Grand-Maître en a déjà tiré le premier? C'est que la loi chrétienne, insensiblement bannie des institutions publiques et des consciences, finira par s'en exiler entièrement. Le Déisme paraîtra d'abord vouloir en prendre la place. Mais n'ayant aucune racine, il la cédera bientôt à l'Athéisme, qui deviendra cette opinion unique tant désirée par M. le Grand-Maître, qui en fera le point fixe et essentiel de sa doctrine.

Nous ne pouvons nous défendre de faire ici quelques réflexions. On n'a point trouvé de peuples sur le globe, même chez les sauvages, qui n'eussent un culte et des autels. Ce sentiment, inné avec l'homme, provient de deux causes. La première, de ce que l'homme, se reconnaissant malheureux sur la terre, a tourné son espérance vers une autre vie; la seconde, de ce que l'homme, ayant transgressé les premières lois positives divines, n'a fait qu'errer dans toutes les espèces de culte qui n'ont point eu leur source dans la révélation. Les opinions religieuses, fondées sur la révélation, forment donc la ligne de démarcation que les chrétiens doivent reconnaître entre leur culte et ceux qui doivent leur être étrangers. En les adoptant tous sans distinction, c'est confondre le bien et le mal; la lumière avec les ténèbres; d'où il résulte qu'un gouvernement qui les reçoit, n'a précisément ni moralité ni religion. S'il veut garantir sa forme par la foi du serment, devant quel Dieu ses membres le prêteront-ils? S'ils croyent au vrai Dieu, et que ce soit lui qu'ils appellent en témoignage, ce Dieu, jaloux d'être seul reconnu par la raison humaine, et de recevoir, à ce titre, les hommages qui lui sont dus, ne pourra que s'indigner de voir que le même serment assure des honneurs égaux à des divinités fausses et fantastiques.

Dans le maintien d'une pareille Constitution, le peuple ne verra plus qu'une profonde indifférence pour le culte qu'il professait quand il était celui de l'Etat. Il ne manquera pas d'en oublier les devoirs; et delà, des désordres incalculables dans le sein de la société!

Il ne faut pas croire qu'un pareil peuple sera favorisé des autres qui auront, pour le bonheur du genre humain, conservé des principes religieux. Ils viendront, il est vrai, comme les Juifs, profiter des avantages qu'il pourra présenter ; mais ils se garderont bien d'avoir avec lui rien de commun dans la croyance et dans les mœurs. Ils n'auront même aucune confiance dans la foi des traités qu'il proposerait. Car la religion fut toujours la première sûreté des conventions de cette nature. L'histoire de tous les peuples en est la preuve. Or, avec une nation pervertie, sur quelle religion pourrait-elle en assurer la solidité? Bien loin donc de profiter de son immoralité, elle deviendra la proie des autres peuples, qui finiront par l'asservir, et par lui faire perdre, en la méprisant, ses droits parmi les autres nations : elle pourra, peut-être, recevoir d'abord quelques accroissemens, en devenant le réceptacle des hommes corrompus des autres pays ; mais cette réunion funeste sera une nouvelle cause de sa destruction.

La rivalité des prétentions rend naturellement le crime ennemi du crime. Les hommes qui ne reconnaissent point de divinité, et qui, en conséquence, n'ont ni conscience, ni remords, se réunissent, il est vrai, tant qu'ils ont à combattre la justice et la vérité. Mais, parvenus à une domination éphémère, ils ne s'occupent plus qu'à s'entredétruire pour profiter de leurs dépouilles réciproques. Tels sont les exemples que la révolution nous a offerts dans les combats scandaleux que se sont livrés ses sectateurs les plus outrés.

Ainsi l'a voulu l'auteur de l'ordre éternel, qui, confondant l'iniquité par elle-même, n'a donné qu'à la sagesse et à la vertu une existence permanente et durable.

En effet, quelle matière plus profonde à réflexions que les événemens qui se sont passés sous nos yeux depuis les succès remportés par l'athéisme.

Le trône avait cessé d'exister : des sermens affreux et forcés en confirmaient sans cesse l'anéantissement. Le sang des ordres les plus respectables de l'Etat continuait à couler, lorsque Dieu, dans sa sagesse profonde, résolut de rétablir encore la monarchie française sur ses premières bases, mais de manière à lui offrir de nouvelles leçons, qui devaient commencer par lui être funestes avant de lui devenir profitables. Il choisit à cet effet un homme entreprenant, hardi, et sur-tout ambitieux, dont le génie, au-dessus des petitesses de l'athéisme,

ne

ne manquerait pas d'ambitionner la suprême grandeur.

Cet homme avait reconnu que l'irréligion ne régnait que dans quelques sociétés corrompues, et sur-tout dans Paris, devenu le foyer de toutes les intrigues; mais que la majorité de la France n'aspirait qu'à voir renaître le christianisme. Le même vœu était dans le cœur de ceux qui suivaient la religion réformée.

Bien instruit de ces faits, et n'étant encore que premier consul, il convoqua les assemblées générales des départemens pour les consulter sur les opinions qu'il savait bien exister à cet égard. Toutes ces assemblées ne manquèrent pas de constater, par leurs procès-verbaux, que la France, catholique ou protestante, n'aspirait qu'à retrouver son culte et son Dieu.

Il ne se borna pas à la réussite de cette tentative. Il voulut encore rassurer les consciences qui avaient été flétries par une longue suite de violences et de persécutions. Il se concerta avec le chef de l'Église, et fit avec lui un concordat qui rétablit, autant que les circonstances pouvaient le permettre, l'ancien ordre hiérarchique de l'Église, et pourvut à l'existence de ses ministres.

Il traita pareillement avec les chefs des différentes communions de la religion réformée, et bientôt il s'éleva un cri général de satisfaction en faveur d'un gouvernement qui commençait par des mesures aussi sages. Lui-même il parut se ranger sous l'étendard de la foi catholique, et n'exigea aucun serment. Après avoir ainsi jeté les premiers fondemens de sa grandeur future, il crut devoir recourir à d'autres précautions, qui, dans un sens opposé, ne lui parurent pas moins nécessaires. Il porta aux premières dignités de l'État, et dans les places les plus avantageuses, ceux qui, par leur crédit et leurs talens, s'étaient le plus distingués dans les rangs et sous la bannière philosophique. Il avança sur-tout ceux qui avaient le plus contribué à la destruction de la dynastie de nos rois, sur les débris de laquelle il avait dessein de s'élever. Il était persuadé que les murmures de quelques honnêtes gens ne prévaudraient pas contre les services qu'il paraissait avoir rendus à la nation.

Il était d'ailleurs certain du suffrage de ses armées victorieuses, dont la force était plus que suffisante pour en imposer aux mécontens.

Fort de tous ces moyens, il résolut de monter sur le trône après en avoir applani les chemins, et les mains sacrées de la religion ceignirent son front de la couronne de Charlemagne.

Tout lui avait été favorable pour parvenir à ce degré d'élévation; mais arrivé au faîte de la grandeur, il voulut porter les yeux vers une région trop au-dessus de sa tête, sans faire attention que la profondeur du précipice qui se trouvait sous ses pas était en raison de la hauteur qu'il avait franchie.

Il fut bientôt ébloui de sa propre gloire; il méconnut la main du tout-puissant qui l'avait soutenu; et son orgueil l'aveugla au point que tous les hommes ne lui parurent plus que de vils instrumens qu'il pouvait employer ou briser au gré de son ambition.

Alors, comme dit le prophète, il ne respira plus que les ravages et la destruction des peuples. Il se dit à lui-même :

« Les princes qui me servent ne sont-ils pas » autant de rois? C'est par la force de mon » bras que j'ai fait ces grandes choses. C'est » ma propre sagesse qui m'a éclairée. J'ai en» levé les anciennes bornes des nations; j'ai » pillé leurs trésors, et comme un conquérant, » j'ai arraché les rois de leurs trônes. » *(Isaïe, c. 10, v. 13.)*

Voilà ce que les monumens de l'orgueil de Napoléon nous ont attesté; aussi la vengeance de Dieu n'a pas tardé à se déployer sur sa tête, comme autrefois sur celle du roi de Babylone; on a même justement remarqué que les coups dont il a été frappé l'ont atteint dans le lieu même où il avait retenu captif le chef de la religion, et où, pour prix des services qu'il en avait reçus, il l'avait abreuvé d'amertumes et d'humiliations.

Une seconde remarque que nous avons lieu de faire, c'est que n'ayant accordé que des faveurs injustes et contraires au bien public, il n'en a recueilli que de l'ingratitude, et que ceux qu'il avait comblés de ses grâces n'en ont usé que pour le flatter tant qu'il a été puissant, et quand sa fortune a changé, pour le précipiter du rang où ils avaient juré de le défendre.

Encore si, pendant le cours de son règne, ils lui eussent fait entendre le langage de la vérité; s'ils avaient essayé de le détourner de tant d'entreprises désastreuses, dont il ne pouvait manquer d'être lui-même la victime! Mais ni les maux des peuples, ni les gémissemens des familles, ni la désolation générale n'ont pu exciter de leur part la moindre opposition, ni la plus légère réclamation.

Je ne veux point examiner ici les motifs de leur conduite, ni les raisons qu'ils ont eu de présenter à notre souverain des conditions semblables à celles qu'ils ont fait valoir auprès de lui pour se conserver : mais je crois qu'ils se sont trompés, en s'imaginant que les princes qui nous sont rendus, qui ont sous les yeux des exemples aussi frappans de la justice de Dieu, et qui ne sont pas moins illustres par la grandeur de leur race que par leur piété et leurs autres qualités personnelles, ne s'apercevront pas des motifs qui les font agir, et combien il serait dangereux pour leur autorité et pour le bien de leur empire d'adopter des propositions qui ne pourraient que leur devenir funestes, ainsi qu'aux peuples que la providence leur a confiés. Je reviens à ce qui me reste à dire sur le discours de M. le grand-maître de l'Université.

Il a prétendu qu'il fallait un point fixe et constant pour l'enseignement de sa doctrine. Mais ce point est encore à former. Que ne le cherchait-il dans l'opinion générale de la nation, lorsque Bonaparte l'a consulté en 1801 sur l'état de la religion? Il aurait lu dans les procès-verbaux des assemblées générales des départemens les vœux de tous les Français, ainsi exprimés sur les principes de l'éducation publique :

« Il est temps que les théories se taisent
» devant les faits. Point d'instruction sans éducation, point d'éducation sans morale et sans
» religion.

» Les professeurs ont enseigné dans le désert, » parce qu'on a proclamé imprudemment qu'il » ne fallait point parler de religion dans les écoles » publiques.

» L'instruction est nulle depuis dix ans, il » faut prendre la religion pour base de l'éducation.

» Les enfans sont livrés à l'oisiveté la plus » dangereuse et au vagabondage le plus alarmant.

» Ils sont sans idée de la Divinité, sans » notion du juste et de l'injuste. De là des » mœurs farouches et barbares; de là un peuple féroce.

» Si l'on compare ce qu'est l'instruction avec » ce qu'elle devrait être, on ne peut s'empêcher » de gémir sur le sort des générations présentes » et futures.

» Toute la France appelle la Religion au secours de la morale et de la société. »

Quel changement s'est-il donc opéré tout-à-coup dans la France? Quel renversement subit de toutes les idées reçues? Se peut-il que ce soit le chef de l'éducation, le successeur des *Rollin*, des *Coffin*, des *Le Beau*, qui tienne aujourd'hui un langage si différent du leur ? Quels sont ses titres pour effacer le mérite et la gloire que ces hommes renommés ont si justement acquis dans les sciences, dans les lettres et dans l'estime publique ? Par quels services importans rendus à l'Etat, le nouveau maître de l'Université a-t-il mérité assez la confiance pour changer la raison des siècles et la morale des peuples ?

Ses moyens, j'ose le dire, sont dignes de ses prétentions. Il ose évoquer, pour lui servir d'appui, les ombres de nos derniers Rois. Il leur prête des opinions qu'ils n'ont jamais cessé d'avoir en horreur. Le dessein d'arracher la Religion à l'éducation publique avait été, dit-il, conçu par Henri IV dans des circonstances à-peu-près pareilles à celles où se trouve notre auguste Monarque. On ne voit pas trop la similitude de ce rapprochement, à moins que certaines gens ne se regardent comme représentant les anciens Ligueurs.

Mais ces ennemis d'Henri IV, s'ils pouvaient sortir du tombeau, seraient les premiers à démentir M. le grand-maître. « La conduite franche et loyale de ce grand Roi, lui diraient-ils, » a toujours prouvé le contraire. Il n'aurait point

» combattu si vaillamment pour son opinion re» ligieuse, si sa conscience ne lui en avait fait la » loi. Il était plus chrétien que nous, puisqu'il » savait pardonner : et quand il adopta les dog» mes de l'Eglise catholique, qu'il pratiqua le » reste de sa vie, il le fit librement, au sein de » la victoire, et tel qu'il convenait à un descen» dant de Saint-Louis. »

Au lieu d'attaquer un si grand Roi, M. de Fontanes aurait mieux fait de juger, par l'histoire de sa vie, des vrais sentimens dont il était pénétré. Il aurait remarqué ce trait qui peint si bien son âme, et sa bonne foi religieuse.

Ce Prince allait se présenter à la sainte table, lorsque le duc de *Roquelaure* vint se jeter à ses pieds, et, croyant profiter de l'occasion, le pria de pardonner à un de ses parens qui avait été exilé pour avoir grièvement manqué à un magistrat.

« Il est bien étonnant, lui répondit le mo» narque, que vous preniez, pour me faire une » pareille demande, le moment où je vais me » prosterner devant Dieu pour lui promettre de » rendre la justice, et lui demander pardon de » ne l'avoir pas rendue. »

M. le grand-maître ne borne pas là ses imputations calomnieuses, lorsqu'il ose nous assurer que plusieurs successeurs d'Henri-le-Grand ont voulu reprendre le dessein qu'il lui suppose si injustement. L'ignorance ou la mauvaise foi peuvent seules avancer un tel fait.

L'univers sait que Louis XIII fut le plus juste et le plus religieux de tous les princes. On connaît le vœu solennel par lequel il mit le royaume de France sous la protection de la Sainte-Vierge. Cette fête se célébrait le jour de l'Assomption. Toutes les autorités y assistaient en corps. Bonaparte la vit avec tant de jalousie, qu'il voulut que les honneurs en fussent partagés avec son prétendu patron.

Louis XIV, connu par tant d'actions d'éclat, le fut également par sa piété, et par les monumens qu'il en a laissés. Il porta peut-être trop loin le zèle qu'elle lui inspirait, en ordonnant la révocation de l'édit de Nantes.

Pour Louis XV, il fut toujours extrêmement sévère dans le maintien des principes de la religion de ses ancêtres. Il ne négligea rien pour détourner les poisons funestes, que distillaient déjà tant d'écrits scandaleux qui menaçaient le trône et les mœurs. Ce fut par ses ordres que les magistrats publics ne cessèrent point d'armer, contre les auteurs de ces perfides ouvrages, toute la rigueur des lois.

Voltaire lui-même, malgré ses titres nombreux à la gloire, n'a pu trouver grace devant ses yeux.

Qui peut, enfin, ignorer que le meilleur des princes, celui qui, par ses inclinations bienfaisantes, devait le plus contribuer au bonheur de ses peuples, ne s'est attiré la haine et les persécutions de l'athéisme qu'en ne voulant point prostituer sa conscience ; et que cette honorable résistance a mis le comble à la rage des monstres qui ont fini par l'assassiner.

Suivant M. le grand-maître, la forme de son Université, parvenue à la hauteur des principes qu'il ose prêter à nos Souverains, n'offrirait plus qu'un développement de leurs plus secrètes pensées.

Il est difficile deretenir son indignation contre de pareilles assertions. Comment et dans quelles vues a-t-on pu se les permettre? C'est que pour engager notre Roi à se rendre à ce système, la horde philosophique a tâché de lui en adoucir la pente, en essayant de lui persuader qu'il n'est pas le seul de nos Rois qui en aurait senti la nécessité.

Je ne puis m'empêcher de songer à l'affreuse catastrophe qui a terminé le règne de Louis XVI et de me dire :

« Un Monarque ne peut séparer sa conscience
» ni ses intérêts d'avec ceux de son peuple. Il
» doit être, par son rang, au-dessus de la crainte
» ou d'une dangereuse complaisance. L'histoire
» retrace plus d'un exemple des malheurs causés
» par la faiblesse ou la trop grande bonté des
» Souverains. »

Mais pourquoi tant d'acharnement contre des principes qui, s'ils n'étaient point sacrés dans leur origine, le seraient devenus par l'utilité dont ils ont été à l'humanité? On leur doit l'amour de la patrie, le respect pour les lois, la soumission aux autorités légitimes, la moralité des peuples, les liens des familles, la bienfaisance envers l'infortune. Combien la société aurait-elle à se repentir de les avoir mis en oubli!

Les philosophes de l'antiquité nous ont étonnés par l'étendue de leur génie et la beauté de leur morale. Ils cherchaient de bonne foi la vérité; et leurs recherches en ont tellement approché, que le portrait de Jésus-Christ tracé par les Prophètes, et celui que Socrate nous a laissé de son Juste imaginaire, sont parfaitement ressemblans. Ces hommes marchaient vers la lumière, qui devait un jour éclairer le monde; mais nos philosophes ont pris la route des ténèbres. Ils s'avancent vers le néant, et, comme le génie des enfers, ils voudraient y entraîner avec eux l'espèce humaine.

On ne prétendra pas peut-être que les nations étrangères désirent voir s'opérer ce changement chez les Français, pour augmenter leur gloire et leur prospérité. Il serait bien plus à craindre que ce ne fût dans des vues directement opposées.

Les peuples de l'Europe que nous avons troublés, refont aujourd'hui leur constitution.

L'Espagne déclare que la Religion catholique est toujours la religion de l'Etat.

La Hollande veut d'abord, pour premier culte, la religion réformée, et la tolérance des autres.

L'Angleterre, que tous les philosophes citent comme un modèle d'indifférence pour toutes les religions, s'arme cependant de toute sa rigueur contre la profession publique de la Religion catholique romaine, et ne cesse pas de maintenir dans toute son intégrité la religion réformée, essentiellement liée à sa constitution. Sa prétendue tolérance générale n'existe donc pas; et quand elle l'affecte en apparence, ce n'est qu'un effet de sa politique, dont elle commence par se garantir, pour la sûreté de son gouvernement.

La Prusse et l'Autriche se garderont bien de rien changer dans cette partie de leur constitution.

Qu'il est beau de voir aujourd'hui les Russes donner l'exemple du respect pour la religion, et presque tous leurs braves soldats porter sur leur poitrine le signe sacré de la foi chrétienne! Leur grandeur et leur prospérité se sont accrues par leur fidélité à ces principes; tandis que la France, en les oubliant, a marché vers sa ruine et vers son déshonneur.

D'après de tels exemples, comment des Chrétiens n'apprendraient-ils pas à se tolérer publiquement dans la différence de leurs opinions?

Henri IV, tout le temps qu'il vécut, eut la même tolérance pour les Chrétiens de la religion protestante. Ce parti devrait être imité généralement: il ramènerait peut-être l'accord et l'uniformité dans les opinions, qu'appelle depuis long-temps cette Religion sublime. Mais de ce que ce Roi jugea cette tolérance nécessaire, s'ensuit-il qu'il aurait également admis les cultes de la Turquie, de la Chine, du Bengale, et des idoles des différentes régions de la terre?

Veut-on avoir la mesure des intentions des philosophes en proclamant la liberté de tous les cultes? On en pourra juger par les moyens qu'ils ont employés pour y parvenir.

Au milieu du bouleversement de tout ordre politique et civil, l'assemblée constituante n'avait pas encore franchi les bornes du Christianisme, qui jusques-là avait trouvé des défenseurs; voici comme on disposa les coups qu'on voulait lui porter. On ne rougit pas de faire habiller des laquais, des espions, des jacobins, en turcs, chinois, persans, indiens, lapons, américains, qui se présentèrent en corps à l'assemblée.

L'orateur de la troupe les annonça comme des envoyés de toutes les nations, qui, admirant la sagesse de la constitution française, arrivaient des extrémités du monde pour déclarer qu'ils voulaient l'adopter généralement : mais qu'ils ne voyaient qu'un obstacle, qui était celui de la religion. Alors les meneurs de l'assemblée s'écrièrent qu'il fallait accorder la liberté de tous les cultes, sans aucune distinction; et ils la décrétèrent, au milieu des vociférations de leurs affidés, qui étouffèrent les justes réclamations de ceux qui s'élevaient contre cette farce ridicule.

Ce fut en vain qu'on demandât, par amendement, qu'au moins on consentît à décréter que ces cultes ne blesseraient, ni la décence, ni la raison, ni l'ordre public. Cet amendement fut rejeté.

Voilà les coups sous lesquels la France et la Religion ont succombé. Voilà les causes qui ont amené sur nos têtes plus de malheurs que des siècles n'en avaient rassemblés.

Qui pourrait n'être pas affligé de penser que le cœur excellent et sensible de notre souverain, aura peut-être long-temps à gémir des excès qui en sont résultés.

Puisse le courage de Sa Majesté ne pas l'abandonner! Mais déjà sa vertu et sa religion lui ont dit que, plus les devoirs sont difficiles à remplir sur la terre, plus le mérite en est grand aux yeux de celui qui règne dans l'éternité.

Augustes Souverains de l'Europe, modèles de grandeur et de générosité, dignes alliés de Sa Majesté Louis XVIII, veuillez soutenir la droiture de ses intentions, et le désir qu'il a de rétablir l'ordre dans ses états : ces souvenirs ne s'effaceront pas de sa mémoire et de notre reconnaissance. Ils seront les premiers garants d'une paix durable, que votre dessein a été de fonder sur la bienfaisance et sur la vertu. L'histoire de vos belles actions ne manquera pas de vous dévouer à l'admiration de la postérité.

Notre Roi n'a besoin, pour régner, que du droit de ses aïeux et des lois de la monarchie.

S'il croit devoir y apporter quelques changemens, il pourra les méditer dans le calme.

Lorsqu'il consultera la nation, dans les assemblées générales des départemens, elle ne manquera pas de les adopter, en rendant aux lumières et à l'amour de Sa Majesté pour ses peuples, toute la justice qui leur est due. Sa Majesté n'aura pas de peine à reconnaître que le cœur d'un français

est toujours

POUR SON DIEU ET POUR SON ROI.

DESMAGNY.



---

DE L'IMPRIMERIE DE LEFEBVRE, RUE DE BOURBON, N°. 11, F. S.-G.

www.ingramcontent.com/pod-product-compliance
Ingram Content Group UK Ltd.
Pitfield, Milton Keynes, MK11 3LW, UK
UKHW021117290826
14628UKWH00014B/2646

9 782019 246105